Reinhard Körner

Christ sein

auf den Punkt gebracht

Reinhard Körner

Christ sein

auf den Punkt gebracht

Vier-Türme-Verlag

Bibliographische Information der Deutschen Nationalbibliothek
Die Deutsche Nationalbibliothek verzeichnet diese Publikation in der Deutschen Nationalbibliographie. Detaillierte bibliographische Daten sind im Internet über http://dnb.d-nb.de abrufbar.

FSC
www.fsc.org
MIX
Papier aus verantwortungsvollen Quellen
FSC® C014889

2., überarbeitete Auflage 2014

Umschlagmotiv: Smileus/Fotolia.com
Druck und Bindung: Pustet, Regensburg
ISBN 978-3-89680-881-3

www.vier-tuerme-verlag.de

VORWORT

Einmal angenommen, da kommt einer zu Ihnen und sagt: »Nun erklär mir doch mal, worum es in eurem Glauben eigentlich geht! Aber sag es so, dass ich es verstehen kann ..., und rede nicht lange herum, sag das Wichtigste, sag es kurz und bündig!«

Was würden Sie ihm antworten?

Und angenommen, Sie würden sich dann selbst fragen, was am christlichen Glauben das Wichtigste ist, vor allem was das Praktische betrifft, also die christliche Art, mit dem Leben umzugehen – denn das ist es, was Ihr Zeitgenosse wissen will. Wie würden Sie es auf den Punkt bringen, für sich selbst und dann auch für ihn?

Ein paar Anregungen dazu finden Sie in diesem Buch.

Karmel Birkenwerder,
im »Jahr des Glaubens« 2012/13

P. Reinhard Körner OCD

Inhalt

DER KERN
VON ALLEM

Es gibt vielerlei Weisen, das Leben zu leben. Eine ist die christliche. Worin besteht sie? Das fragt nicht nur der »suchende Mensch«, der vor der Fülle spiritueller Wege steht, die ihm die verschiedensten Religionen und Weltanschauungen anbieten. Diese Frage stellt sich heute auch vielen Christen selbst. Ihnen drängt sie sich allein schon aus innerkirchlichen Gründen auf.

Da ist zum einen die verwirrende Erfahrung, dass die Glaubensauffassungen – und damit verbunden die spirituellen Akzente für die Lebensgestaltung – unter den Gläubigen wie unter den Glaubensverkündern sehr unterschiedlich sind, auch innerhalb derselben Konfession. Das macht es einem Christen, der mehr sucht als Traditionspflege und religiöse Umrahmung des Lebens, schwer, herauszufinden, was wirklich christlich ist.

Hinzu kommt, dass die Liturgie- und Verkündigungssprache vielleicht nicht (mehr) die seine ist und das Kirchendeutsch ihn rätseln lässt, was mit den Worten, die er hört und liest, überhaupt gemeint ist. Mehr noch: Die Glaubenslehren sind in den gängigen Formulierungen nicht nur schwer verständlich, manches davon fordert auch zum Widerspruch heraus.

Zudem erscheint das Gesamtkonzept des christlichen Glaubens in seinen vielen Einzelheiten und Verästelungen als so kompliziert – im Katechismus der Katholischen Kirche umfasst es 2.865 durchnummerierte Lehrinhalte –, dass manch einer sich fragt, ob dieser Glaube für eine spirituelle, also bewusste und sinnorientierte *Lebensgestaltung* überhaupt noch brauchbar sei; und manch einer hat sich die Antwort längst gegeben ...

Das Evangelium auf den Punkt bringen

Was ist das »Unterscheidend-*Christliche*« unter den vielen Angeboten spiritueller Lebensgestaltung? Und was ist das »*Entscheidend*-Christliche« in der christlichen Spiritualität – was macht die christliche Art, *das Leben zu leben*, im Kern eigentlich aus?

Ich möchte diesen Fragen einmal nachgehen. Doch – nicht, dass *ich* sie beantworten will! Ich möchte die Leserinnen und Leser vielmehr dazu anregen, sie sich *selbst* zu beantworten. Und sie sich so zu beantworten, dass die Antwort in Kopf und Herz bleiben kann und sie daran ihr Leben ausrichten können.

Bei diesem Vorhaben leitet mich ein Bildmotiv, das in den Ostkirchen sehr bekannt und auf unzähligen Ikonen dargestellt ist: Es zeigt Jesus, der in der einen Hand ein Buch hält und mit der anderen Hand eine Geste macht, die von den Kennern der Ikonensymbolik als Segensgeste oder als Geste des lehrenden Christus gedeutet wird.

Besonders beeindruckend für mich ist eine Ikone, die aus dem 16. Jahrhundert stammt. Sie hängt in der Kirche des Katharinenklosters am Mosesberg im Sinai. Auf dieser Ikone ist das Buch aufgeschlagen. Zu sehen ist in biblischem Griechisch die Stelle aus dem Johannesevangelium, an der es heißt: »Ich bin das Licht der Welt. Wer mir nachfolgt, wird nicht in der Finsternis umhergehen, sondern wird das Licht des Lebens haben.« (Joh 8,12)

Und auffallend ist hier die Fingerhaltung der segnenden oder lehrenden Hand. Es ist, als habe Jesus etwas ganz Kleines zwischen Finger und Daumen: ein Saatkorn vielleicht, oder das Senfkorn, »das kleinste von allen Samenkörnern«, vielleicht auch die »kostbare Perle« – Sinnbilder für das Gottesreich, von denen er in seinen Gleichnissen spricht (siehe v. a. Mk 4, Mt 13 und Lk 13).

Bilder sagen mehr als Worte, echte Kunstwerke auch mehr, als der Künstler selbst zum Ausdruck bringen wollte. Ich persönlich jedenfalls hatte beim Betrachten dieser Ikone von Anfang an den Eindruck, als wollte der Ikonenmaler Jesus sagen lassen: All das, was in diesem dicken Buch steht, all das kannst du *so klein* auf den Punkt bringen. Erst wenn du den *Kern* meines Evangeliums, die *Mitte* meiner Botschaft von Gott und vom Leben erkannt und dir bewusst gemacht hast, wirst du – von diesem kleinen Kern her – all das verstehen können, was in den biblischen Schriften über mich geschrieben steht; und von diesem Kern her wirst du dein Leben, auch *dein* konkretes Le-

ben, gestalten können. Du wirst dann »nicht mehr in der Finsternis umhergehen, sondern wirst das Licht des Lebens haben«.

Schon oft habe ich die Ikone mit dieser Deutung den Teilnehmern an meinen Exerzitienkursen und Bibelseminaren zur stillen Betrachtung in die Hand gegeben. Ich bitte sie dann immer, doch einmal mit wenigen Worten – *eigenen* Worten – zusammenzufassen, was sie – sie *selbst* – in der derzeitigen Situation ihres Lebens für den Kern des Evangeliums halten und was, auf den Punkt gebracht, für sie die christliche Art, das Leben zu leben, ausmacht. Dazu möchte ich auch in diesem Buch anregen.

Bekenntnisformeln in der frühen Kirche

Das Evangelium auf den Punkt bringen, das hat Tradition im Christentum. Schon Paulus kennt kurze Sätze – die sogenannten »Bekenntnisformeln« –, mit denen bereits Christen vor ihm das Evangelium und ihren Glauben an Jesus Christus zusammengefasst hatten.

Gleich zwei solcher Formeln auf einmal zitiert er in seinem Brief an die Römer, und offensichtlich setzt er dabei voraus, dass sie den Adressaten bekannt sind: »Wenn du mit deinem Mund bekennst: *Jesus ist der Herr* und in deinem Herzen glaubst: *Gott hat ihn von den Toten auferweckt*, so wirst du gerettet werden.« (Röm 10,9)

Betrachten wir beide Formeln einmal etwas näher:

Jesus ist der Herr: Mit diesem Satz war für einen Christen in Rom, wo der Kaiser den Anspruch erhob, der göttliche Herr über Leben und Tod zu sein, so gut wie alles gesagt: Nicht dem Kaiser, sondern Jesus gehört mein Leben; Christ sein heißt für mich, mit diesem Jesus durchs Leben zu gehen! – Von ähnlicher Bedeutung muss für Christen, die einer jüdischen Gemeinde entstammten, der Ausdruck *Jesus Christus* gewesen sein. Uns erscheint er wie ein Name, doch für griechisch-sprachige Christen war er ein kleiner Satz, eine Formel, die bedeutete: *Jesus ist der Christus (= der Messias)*. Ich warte auf keinen Messias mehr, konnten sie sich damit sagen; in Jesus habe ich ihn gefunden! An *ihm*, an dem, was *er* gesagt und vorgelebt hat, orientiere ich mein Leben.

Und mit der Formel *Gott hat ihn (Jesus) von den Toten erweckt* oder *Jesus, den er (Gott) von den Toten erweckt hat*, die sich nicht nur bei Paulus, sondern mehrfach auch in der Apostelgeschichte wiederfindet, konnten sich Judenchristen wie Heidenchristen einen Kern-Gedanken ihres Glaubens bewusst halten: Jesus lebt und ist uns nahe, und sein Gott ist ein Gott, der auch uns im Sterben nicht ins Nichts fallen lassen wird! Wir leben nicht einem Ende, sondern einem großen Ziel entgegen ...

Solche kurz und prägnant formulierten Sätze beanspruchten nicht, den Gesamtinhalt des Glaubens auszusagen. Aber sie enthielten das zu dieser Zeit und für diese Menschen entscheidend Wichtige. An solchen Kern-Sätzen – selbst formuliert, aus dem Herzen heraus – konnten sie sich festhalten. Daran konnten sie – und andere mit ihnen – ihr Leben ausrichten.

Zu den Bekenntnisformeln der ersten Christengenerationen zählt auch die Wendung: *der Gott und Vater Jesu Christi*, wobei für »Vater« in der aramäischen Sprache der palästinensischen Christen das Wort »abba« stand. Mit dieser Formel, von Paulus und seinem Schülerkreis ebenfalls aufgegriffen und zitiert (2 Kor 1,3; Eph 1,17; Kol 3,17), konnte sich damals jeder Christ vergegenwärtigen, dass der allgemeine Begriff »Gott« mehr meint als den »Gott der Gerechtigkeit« oder gar nur ein letztes philosophisches Prinzip.

Das Wort *abba* kann überdies als »Bekenntnisformel« im Munde Jesu selbst betrachtet werden: In diesem einen Wort bündelt sich seine ganze Gottesverkündigung, seine Frohbotschaft vom Gott der absoluten, weit mehr als nur »gerechten« Liebe.

Auch der Satz: *Das Reich Gottes ist nahe/ist herbeigekommen*, der mehrfach in den drei ersten Evangelien überliefert wird (Mk 1,15; Mt 4,17; Lk 21,31), dürfte bereits von Jesus selbst formuliert und wie ein Kern-Satz wiederholt worden sein. Mit diesem Kern-Satz seiner Botschaft sandte er auch die Jünger aus (Mt 10,7; Lk 10,9/11).

Noch ein Beispiel: Im Ersten Johannesbrief, verfasst in der dritten/vierten Christengeneration, heißt es kurz und bündig: *Gott ist Liebe.* Gleich zwei Mal (1 Joh 4,8 und 16) und wie um die Adressaten daran zu erinnern, hat ihn der Autor niedergeschrieben, was darauf schließen lässt, dass es sich auch hierbei um eine bereits bekannte, fest geprägte Glaubensformel handelte. In diesem kleinen Satz, so Benedikt XVI. in seiner ersten Enzyklika, »ist die Mitte des christlichen Glaubens, das christliche Gottesbild und auch das daraus folgende Bild des Menschen und seines Weges in einzigartiger Klarheit ausgesprochen«.[1]

Später wird man in den frühchristlichen Gemeinden das »Unterscheidend-« und das »Entscheidend-Christliche« in weitere kurze Glaubensformeln fassen, vor allem für die Taufbewerber. Daraus wurden dann im 2. und 3. Jahrhundert, von Gemeinde zu Gemeinde noch unterschiedlich, die ersten längeren Glaubensbekenntnisse gebildet, bis schließlich im 4. und 5. Jahrhundert die beiden noch heute bedeutungsvollen »Glaubenssymbola« der Christenheit entstehen, das *Große* (Nicäno-Konstantinopolitanische) und das *Kleine* (Apostolische) *Credo*.

Beide Bekenntnistexte wurden allerdings nicht mehr von den Gläubigen in den Gemeinden, sondern von den Bischöfen und Theologen *für* die Gemeinden formuliert. Damit bricht die Tradition, den Glauben mit eigenen Worten auf den Punkt zu bringen, für Jahrhunderte ab. Das Prinzip der Kürze, der Verständlichkeit und der Prägnanz wird verlassen. Immerhin aber ist gerade an diesen beiden Texten noch zu erkennen, dass sie den *Kern*, das »Herzstück« des christlichen Glaubens zum Ausdruck bringen wollten – nämlich die Dreieinigkeit Gottes –, nicht, wie dann seit Beginn der Neuzeit die Katechismen, jedes Detail des Glaubens. Und sie sprechen, entgegen einer weit verbreiteten Auffassung, nicht zuerst davon, *was* ein Christ glaubt, sondern *wie* ein Christ glaubt. Ihr Akzent liegt nicht auf der Glaubenslehre, sondern auf der Spiritualität – sie bringen den Kern-*Vollzug* des Glaubens, die christliche Art zu *leben*, zum Ausdruck: »Credo in Deum ... (Ich glaube an Gott ...)« bedeutete für die muttersprachlich lateinisch sprechenden Christen nicht »Ich glaube, dass es Gott gibt«, sondern »*Ich gebe mein Herz hin zu Gott*«.

»Kurzformeln des Glaubens«

In den vergangenen Jahrzehnten ist das Bedürfnis nach kurzgefassten Kern-Sätzen christlichen Lebens wieder wach geworden. Gerade angesichts der Vielfalt der Daseinsdeutungen und Spiritualitäten, aber auch angesichts der Probleme, in denen die Kirche der Gegenwart steckt, kommen wir ohne eine Besinnung auf den Kern nicht mehr aus. Etwas »auf den Punkt bringen«, mit kurzen und möglichst verständlichen Worten, das schafft Klarheit. Mit klaren Gedanken kann man umgehen; sie sind lebenstauglich. Und wenn man den Kern vor Augen hat, hat man auch den Schlüssel zum Ganzen gefunden.

Es war vor allem Karl Rahner (1904–1984), der dieses Bedürfnis erkannte und sich dafür stark machte, dass ihm entsprochen werde. Seit 1964 wies er wiederholt darauf hin, »daß – bei aller bleibenden Gültigkeit der traditionellen Glaubenssymbola – neue Kurzformeln des Glaubens gefunden werden müssen, soll die Verkündigung wirklich in der heutigen Zeit verstanden werden, in Kopf und Herz wirklich ankommen, und so eigen werden, daß sie als lebendige Kraft sich bewahrt und durchsetzt in und trotz der ›pluralistischen‹ und nicht mehr adäquat synthetisierbaren Fülle dessen, was ein Mensch heute weiß«.[2]

Die drei »Kurzformeln des Glaubens«, die Karl Rahner damals selbst vorlegte,[3] waren zwar alles andere als kurz, verständlich und in Kopf und Herz einprägbar, aber er gab zumindest den Anstoß, dass sich auch andere Theologen um solche Kurzformulierungen bemühten.

Auch Papst Paul VI. ließ sich dazu anregen. Im »Jahr des Glaubens« 1967/68 trug er ein *Credo des Gottesvolkes* vor,[4] das Karl Rahners Anliegen Rechnung tragen wollte – jedoch ebenfalls mit mäßigem Erfolg. »Nun ist sein Credo«, schrieb bald darauf Karl Rahners Mitbruder, Roman Bleistein SJ, »sehr umfangreich ausgefallen und mutet einen an wie ein Museum der Wahrheiten.«[5]

Seit Mitte der 1970er Jahre ist es stiller geworden um die sogenannten »Kurzformeln des Glaubens«. Die damals erarbeiteten jedenfalls – unter anderem auch von namhaften Theologen wie Walter Kasper, Hans Küng, Wolfgang Nastainczyk und Roman Bleistein – hatten kaum die erhoffte Wirkung.

Der Grund liegt wohl vor allem darin, dass wirklich aussagekräftige, tragfähige und für die persönliche Lebensgestaltung hilfreiche Kurzformeln nur im eigenen Herzen gebildet werden können. Sie lassen sich nicht verordnen. Werden sie von anderen vorgegeben, müssen sie zumindest aus deren Herzen und dadurch *wie* aus dem eigenen Herzen kommen.

Und sie müssen, so lehrt uns heute die Medienpsychologie, wirklich kurz sein: Mehr als fünf/sechs Wörter sind zu viel, um als Leit- und Kern-Satz dienen zu können. Selbst die 140 Zeichen, die das Twittern erlaubt – ein Medium, dessen sich seit Benedikt XVI. sogar der Papst bedient –, sind, werden sie voll ausgeschöpft, zu viel; sie mögen eine Anregung in den Tag oder in die Woche hinein geben, aber sie sind auch schnell wieder vergessen.

Die geistliche Tradition kennt solche Leit- und Kern-Sätze, die aus dem Herzen kommen und ins Herz eingehen können, durchaus. Sie finden sich, wie gesagt, schon in der Bibel, und sie finden sich im geistlichen Schrifttum aus den langen Jahrhunderten des Christentums, in Erfahrungsberichten, Briefen, Unterweisungen und Gebetstexten spiritueller Menschen. Es kommt nur darauf an – heute wohl dringender denn je –, sie zu entdecken und sie sich zu eigen zu machen, vor allem aber: es diesen Menschen gleichzutun.

KURZFORMELN
CHRISTLICHER SPIRITUALITÄT

Einige Kurzformeln, die das »Unterscheidend- und Entscheidend-Christliche« für die spirituelle Lebensgestaltung zum Ausdruck bringen – solche, die auch mir persönlich sehr hilfreich geworden sind –, möchte ich hier vorstellen. *Nur vorstellen.* Ob sie in diesem Wortlaut als Kern-Sätze ins eigene Herz übernommen werden können oder einfach nur als Anregung dienen, ähnliche Sätze zu formulieren, das mögen der Leser und die Leserin selbst herausfinden. Und: *einige nur.* Denn es macht wenig Sinn, mit *Kurz*-Formeln ein dickes Buch zu füllen.

Beginnen sollten wir damit, dass auch wir uns sagen lassen:

All das, was in der Bibel steht, all das kannst du *so klein* auf den Punkt bringen. So, wie andere es vor dir taten. Mach es wie sie! Oder nimm in dein Herz, was sie auf den Punkt brachten! Von diesem Kern her wirst du dein Leben, auch *dein* konkretes Leben, gestalten können. Und dem einen oder anderen, der dich nach deinem »glauben« (als Tätigkeitswort klein geschrieben!) fragt, vielleicht eine Antwort geben können.

Größer denken

Die erste Kurzformel, die ich anbieten möchte, besteht aus nur zwei Wörtern und lautet: *größer denken*.

Sie ist der Bibel entnommen, zwar keiner der gängigen deutschsprachigen Ausgaben, aber dem Originaltext. Dort besteht sie sogar nur aus einem Wort, sie lautet auf Griechisch: *metanoein*. Mich selbst begleitet sie schon seit vielen Jahren, und ich habe die Erfahrung gemacht, dass sie gerade für Menschen unserer Zeit zu einem hilfreichen Leitsatz spirituellen Lebens werden kann.

Das Wort *metanoein* – in der Aufforderungsform: *metanoeite*, als Substantiv: *metanoia* – kommt sowohl im Neuen Testament vor als auch in der griechischen Fassung des Ersten Testaments, der *Septuaginta*. Auf Deutsch wird es meistens mit »umkehren« wiedergegeben, in älteren Übertragungen auch mit »Buße (= Umkehr) tun«. Das sind Übersetzungen, die natürlich nicht falsch sind. Doch näher betrachtet steckt ein tieferer Sinn in diesem biblischen Wort. Es ist aus dem Verb *noein* und der Vorsilbe *meta-* zusammengesetzt; *noein* bedeutet »denken, sinnen«, und *meta-* so viel wie »darüber hinaus, höher, größer« (vgl. Wortbildungen wie »Metaphysik« oder »Meta-Ebene«).

Im damaligen Sprachempfinden meint *metanoein* also »höher, größer denken«, »über das bisher Gedachte und Gewohnte hinaus denken« – ein »denken«, das sich jedoch nicht nur im Kopf abspielt, sondern sich als »sinnen« im Gesamt der Seele vollzieht. Und vor allem: Gemeint ist ein »denken und sinnen«, das nicht nach rückwärts, sondern nach vorn gerichtet ist, ein »umdenken/umsinnen« zu etwas *hin*, vom noch zu klein Gedachten auf das Höhere, Größere hin. Dabei immer mitgemeint ist auch die Konsequenz daraus: ein »um-*handeln*«, in diesem Sinne also auch ein »umkehren« oder »Umkehr tun«.

Als jüdische Gelehrte im 2. Jahrhundert v. Chr. die heiligen Schriften ihres Volkes für die im Ausland lebenden Juden ins Griechische übersetzten, übertrugen sie an einigen Stellen mit dieser Vokabel das hebräische Wort *schub*. Immer dann nämlich, wenn mit *schub* – bzw. der Aufforderungsform *schubu* – nicht einfach nur die Rückkehr zu einem gottgefälligen Lebenswandel gemeint war, sondern die Hinkehr zu einer größeren, bewusster gelebten Gottesbeziehung: eine *Hin*kehr, die, soll sie nicht oberflächlich und äußerlich bleiben, immer im Inneren, im Herzen, im »Denken und Sinnen« beginnen muss.[6]

Auch die »Umkehr«, zu der später Johannes der Täufer und sein Schülerkreis auffordern werden (siehe Mk 1,4; Mt 3,8/11; Lk 3,3/8), wurde in den griechischen Überlieferungen als *metanoia* bezeichnet und sein »Umkehr«-Ruf mit *metanoeite* wiedergegeben.

Markus benutzte dann dieses Wort, als er um das Jahr 70 sein »Evangelium von Jesus, dem Christus« schrieb (Mk 1,1) und darin gleich zu Beginn die Botschaft Jesu zusammenfasste; er schrieb: »Nachdem man Johannes ins Gefängnis geworfen hatte, ging Jesus wieder nach Galiläa; er verkündete das Evangelium Gottes und sprach: Die Zeit ist erfüllt, das Reich Gottes ist nahe/ist herbeigekommen. *Metanoeite*, und glaubt an das Evangelium!« (Mk 1,14f). – Ähnlich formuliert zwei Jahrzehnte später der Evangelist Matthäus: »Von da an begann Jesus zu verkünden: *Metanoeite!* Denn das Himmelreich ist nahe.« (Mt 4,17)

Dass der Ruf *Metanoeite!* gerade bei Jesus mehr meint als ein Zurückkehren, auf jeden Fall aber viel mehr als das, was einem Menschen von heute beim Hören der Worte »Kehrt um!« oder »Tut Buße!« in den Sinn kommt, das liegt auf der Hand.

Jesus hat nicht zur Rückkehr zu Früherem aufgerufen, zu dem, was religiös und moralisch bisher als gut und richtig galt, und schon gar nicht hat er mit erhobenem Finger »herummoralisiert«!

Auch er hat eine *Hin*kehr zu Gott eingefordert – und ging dabei noch über die ersttestamentlichen Propheten und über den Täufer hinaus. Er wollte mehr als sie für seinen Gott.

Er rief zu einer größeren, höheren *Sicht* von Gott auf, von Gottes Haltung den Menschen gegenüber vor allem, und damit verbunden zu einer größeren, höheren Sicht von uns selbst und voneinander; und nicht zuletzt zu einer neuen, tieferen Sicht von dem, was mit religiösem Leben gemeint ist.

»Ihr habt gehört, dass gesagt worden ist … Ich aber sage euch …« so beginnt Jesus, der Bergpredigt nach (Mt 5–8), mehrere zentrale Aussagen seiner Frohbotschaft. Er wollte Schritte nach vorn zeigen. Schritte, die – nun erst recht – im Innern, im »Denken und Sinnen« beginnen, weil nur von da innen her ein neues Handeln, eine neue Lebensart möglich werden kann. »Denkt und lebt *meta*, denkt und lebt *über das hinaus,* was ihr früher gedacht und gelebt habt!« – *das* ist der Aufruf Jesu, den die Autoren der Evangelien in die junge Kirche hinein weitergaben. Paulus hatte diese Aufforderung schon vor ihnen, um das Jahr 55 in seinem Brief an die Römer, mit den Worten weitergesagt: »Wandelt euch und erneuert euer Denken!« (Röm 12,2)

Metanoeite! – das heißt im Sinne Jesu: größer denken von Gott, noch größer als jemals zuvor; größer denken auch von sich selbst und vom Mitmenschen, größer denken vom Leben und vom Dasein überhaupt, größer denken von dem, was Religion ist und was »spirituell leben« meint … Größer denken von allem. So groß denken, wie er denkt. Und dann aus diesem größeren »Denken und Sinnen« her größer leben. So leben, wie er gelebt hat auf Erden.

Deshalb forderte er die Hörer seiner Botschaft auf, ihm nachzufolgen. Ihm *nachfolgen*, das heißt: mit ihm *gleichziehen* in seinem »Denken und Sinnen« – und seine Art, Mensch zu sein, zum Maßstab des Handelns und der Lebensgestaltung nehmen.

Größer denken. Diese Kurzformel sagt, wie jede »Kurzformel des Glaubens«, natürlich nicht alles über die christliche Lebensart. Aber sie drückt doch Wesentliches und Grundlegendes aus. Sie bringt die Haltung auf den Punkt, die in einem spirituellen Leben, das sich als Nachfolge Jesu versteht, nicht fehlen darf. Und sie ist zugleich ein Schlüssel zum Verständnis seines gesamten Evangeliums.

Meiner Erfahrung nach spricht sie aber auch Nichtchristen an und Menschen, die nach einer konkreten spirituellen Lebensform noch suchen –

Menschen, die spüren, dass man »zu klein« lebt, wenn man zu klein vom Leben denkt. *Größer denken*, das ist ein Leitwort, das uns über alle weltanschaulichen Grenzen hinweg verbinden kann. Es betrifft alle Bereiche und alle Belange des Lebens, die »weltlichen« und die religiösen, die persönlichen und die zwischenmenschlichen, die gemeinschaftlichen, die politischen und die kirchlichen ... Freilich nur, wenn es zur Kurzformel im *eigenen* Herzen wird.

Geliebt lieben

Was Jesus gesagt und vorgelebt hat, kann auch auf die Kurzformel gebracht werden: *geliebt lieben.* Sie ist ebenfalls biblisch, wenn auch nicht der Formulierung nach; formuliert habe ich sie selbst. Sie mag etwas spröde klingen, im ersten Moment vielleicht sogar etwas überschwänglich, aber auch sie bringt auf den Punkt, worin ein Leben nach dem Evangelium besteht.

Jedes der beiden Worte, *geliebt* und *lieben*, drückt einen Wesenszug christlicher Spiritualität aus, jedoch gehören beide zusammen im Leben aus dem Geiste Jesu.

»Ihr seid von Gott geliebt«, so schreibt um das Jahr 80 ein Paulusschüler im Kolosserbrief (Kol 3,12). Damit erinnert er die Christen seiner Generation, wie es vor ihm mit ähnlichen Worten auch Paulus tat, an den Kern der Frohbotschaft Jesu: Der Mensch – jeder Mensch – ist für Gott liebenswert, unvorstellbar liebenswert; einfach nur deshalb, weil er ein Mensch ist. Persönlich zugesprochen, bedeutet das: Du, Paul oder Paula, was immer andere von dir halten und was immer du selbst von dir denkst – von Gott bist du geliebt!

Natürlich findet sich diese Zusage bereits in den Schriften des Ersten Testaments.[7] Der Gott, dem sich alles Dasein verdankt, liebt seine Schöpfung. Das wussten die Jahweh-Gläubigen auch vor Jesus schon. Wenn Gott dennoch Unheil über die Menschen kommen lässt, so dachten sie, dann geschieht das aus Gerechtigkeit: Er liebt und er straft, wie der Mensch es aufgrund seiner Taten verdient. Wieder und wieder hatten sie zudem auch die Erfahrung gemacht, dass Gottes Barmherzigkeit größer sein kann als seine Gerechtigkeit.

So von Gott denken zu können, war ein großer Schritt in der Religionsgeschichte der Menschheit gewesen – ein Erkenntnisschritt im jüdischen Volk und letztlich, aus gläubiger Sicht, ein Offenbarungsschritt von Gott her. Schon ein Jahrtausend vor Jesus hatte sich die archaische Vorstellung vom *willkürlichen* Handeln der Götter zu wandeln begonnen zum Glauben an den *gerecht* handelnden Gott. Wir sind nicht göttlicher Willkür ausgeliefert, so hatten prophetische Menschen mehr und mehr erkannt, sondern dürfen auf Gottes Gerechtigkeit, ja auf seine Barmherzigkeit vertrauen.

Doch über diese Gottessicht war Jesus mit seiner »Frohbotschaft über Gott« (Mk 1,12), aus der Paulus und die frühchristlichen Gemeinden lebten, noch weit hinausgegangen.

Jesus führte uns zu der Erkenntnis, dass wir noch immer nicht groß genug von Gott denken, wenn wir uns seine Liebe als Gerechtigkeit nach dem Lohn-Leistungs-Prinzip vorstellen. Gott ist *meta*-gerecht, sagt er den damals und heute in Leistungsfrömmigkeit Gefangenen und von Gottesangst Bedrängten – sehr anschaulich zum Beispiel im Gleichnis von den Weinbergarbeitern (Mt 20,1–16). Gott, sagt uns Jesus, »lässt seine Sonne aufgehen über Bösen und Guten, und er lässt regnen über Gerechte und Ungerechte« (Mt 5,45) – weil er uns liebt, wirklich liebt. Nicht aus einer Form von Barmherzigkeit heraus, wie Menschen sie »gnädigerweise« praktizieren, sondern aus einer Barmherzigkeit heraus, die »größer ist als unser Herz« (1 Joh 3,20). Gottes Liebe ist absolut, er liebt uns wirklich: bedingungslos und, wie Benedikt XVI. formulierte, »völlig vorleistungsfrei«.[8]

Ein Theologe unserer Tage brachte diese Gottessicht Jesu so auf den Punkt: »Gott liebt uns *vor jeder Leistung* und *trotz aller Schuld*«[9] – auch eine Kurzformel, die wir ins Herz nehmen können.

So geheimnis-tief uns Gott auch immer bleiben wird, er kann nur ein *rundum liebender Gott* sein. Jede Vorstellung von Gott, die hinter dieser Botschaft Jesu zurückbleibt, ist anachronistisch, ja Gottes unwürdig. Und nicht zuletzt für uns Menschen fatal.

Aber so von Gott geliebt zu sein, ist alles andere als ein Ruhekissen. Erst recht ist Gottes Liebe kein Freibrief, tun und lassen zu können, was einem gerade passt. Wer das denkt – oder es gar als Argument gegen die heute wiedererwachte Sicht vom »vorleistungsfrei« liebenden Gott ins Feld führt –, weiß wohl nicht, was Liebe ist.

Liebe will beantwortet sein. Mehr noch: Liebe, so sie angenommen wird und wirklich »angekommen« ist, drängt den Geliebten dazu, *auch selbst zu lieben*. Sich als geliebt erfahren, weckt die eigene Liebesfähigkeit auf! »Liebe Brüder, liebe Schwestern«, schreibt der Autor des Ersten Johannesbriefes, »wenn Gott uns so geliebt hat, müssen auch wir einander lieben.« (1 Joh 4,11)

Das ist auch einem Theologen wie Eugen Biser (geboren 1918), der das Gottes- und Menschenbild Jesu entschieden wie kaum ein anderer herausgearbeitet und unserer Zeit wieder in Erinnerung gebracht hat, ganz und gar bewusst. Dem verbreiteten Geschwätz, ein solches Gottesbild sei einseitig und führe zum Leben mit einem »Kuschelgott«, hält er entgegen: »Das Herz Gottes ist Liebe – und nichts außer dem. Das aber ist kein Gott, der alles hinnimmt und auf sich beruhen lässt, sondern der Gott der denkbar größten Herausforderung, der vom Menschen das erwartet, was er ihm gibt: Liebe aus ganzem Herzen, ganzem Gemüt, ganzer Geistes- und Wesenskraft.«[10]

Gott die Liebe glauben, die er zu mir hat, mich *geliebt* wissen von Gott, das ist das eine. Und *lieben*, die Liebesfähigkeit aktivieren, die er in mich hineingelegt hat, das ist das andere. Beides gehört zusammen. Und das eine bedingt das andere nicht: Weder müssen wir lieben, um von Gott geliebt zu werden, noch werden wir von ihm geliebt, um lieben zu müssen. Die Botschaft Jesu stellt weder Bedingungen, noch ist sie ein moralisierender oder gar mit göttlichen Sanktionen drohender Imperativ. Sie ist vielmehr Offenbarung: Sie öffnet uns die Augen für die Wirklichkeit. Sie zeigt uns, wer der Mensch – jeder Mensch – in Wahrheit ist: ein von Gott *Geliebter*, der zu *lieben* fähig ist.

Geliebt lieben: das ist, auf den Punkt gebracht, der Kern der christlichen Art, das Leben zu leben. Es ist der Kern der christlichen Art, Mensch zu sein – und es immer mehr zu werden.

Kurzer Zwischenruf: Aber gibt es denn Gott überhaupt? Hat ein spirituelles Leben, das auf die Existenz Gottes baut, überhaupt eine reale Grundlage?

Die Zeiten sind vorbei, unwiederbringlich wohl, da Fragen dieser Art als Sache ungläubiger Religions- und Kirchenkritiker abgetan werden konnten. Längst nagen sie auch an der Glaubensüberzeugung treuester Kirchgänger, und nicht nur hierzulande.

Es gibt ein Wort, das in dieser Unsicherheit Hilfe sein kann. Es wird mehreren neuzeitlichen Philosophen zugeschrieben[11], aber woher es wirklich stammt, weiß niemand mehr genau; wahrscheinlich ist es mindestens so alt wie die Entstehungsgeschichte der monotheistischen Religionen. Von der Wörterzahl her mag es als Kurzformel etwas lang sein, doch hat man es sich einmal zu eigen gemacht, bleibt es abrufbar in Stunden des Zweifels und kann den Lebensweg begleiten. Es lautet: *Warum eigentlich ist etwas, und warum nicht nichts?*

In der Regel drücken »Kurzformeln des Glaubens« eine Erkenntnis aus, manche ein *Be*kenntnis sogar.

Diese Kurzformel jedoch stellt eine Frage. Genauer gesagt, sie hat die Form einer Frage; eigentlich drückt sie ein *Staunen* aus, und wer sie mitvollzieht, in dem kann sie auch ein Staunen auslösen: das Staunen darüber, dass etwas ist und nicht nicht ist; dass die Welt und alles, was da ist, da ist und nicht nicht da ist; dass ich bin und nicht nicht bin; dass du da bist und nicht nicht da bist ...

Ein ganz urtümliches Staunen. Es geht mit der Ahnung einher, dass da ein Großes, ein Geheimnisvolles da sein muss, ein »Mehr« hinter allem Sein, das alles Sein erst möglich macht, dem sich alles, was da ist, verdankt ...

In diesem Staunen und Ahnen wurzelt der Glaube an Gott. Jedenfalls an einen Gott, wie Juden, Christen und Muslime ihn sehen: als den *Schöpfer und Erhalter der Welt*, oder etwas philosophischer ausgedrückt: als den *Urgrund allen Daseins*, dem alles Dasein sein Dasein und sein Fortexistieren verdankt.

Es waren Juden zuerst, die so von Gott dachten. Um 550 v. Chr. spätestens, während des Exils in Babylonien, kam diese Gottessicht in ihrem Volk zum Durchbruch. Sie erkannten, dass das Höchste, das Göttliche nicht ein Wesen aus unserer Daseinswelt sein kann – nicht die Sonne, der Mond, der Sturm, das Feuer oder sonst eine der Naturgewalten, die in den polytheistischen Naturreligionen als Götter galten. (Selbst der ägyptische Pharao Echnaton, der schon um 1250 v. Chr. einen »Monotheismus« durchsetzen wollte, hatte mit dem einen Gott noch die Sonne, den Sonnengott Aton, gemeint.)

Etwas später war es der Grieche Aristoteles (384–322 v. Chr.) gewesen, der aus der Betrachtung der Natur auf einen »ersten Beweger«, auf einen göttlichen Urgrund hinter allem, was Natur ist, schloss.

Zusammen mit den Juden sahen dann von Anfang an auch die beiden anderen abrahamitischen Religionen, das Christentum und der Islam, in Gott den Urgrund allen Seins, den Schöpfer und Erhalter der Welt. Gott ist für Juden, Christen und Muslime weder Teil des Daseins noch, wie in pantheistischen Religionen und Philosophien, das Dasein selbst; er ist der »transzendente«, das heißt der alles Dasein überschreitende Gott, der letzte Urgrund allen Seins, dem Sonne, Mond und alles, was Natur ist, ihr Dasein verdanken. Und er kann, als ein solcher Gott, nur ein *einziger* Gott sein.

Der Gottesglaube – dieser Gottesglaube – ist nicht entstanden, weil sich Menschen irgendwann und irgendwie Gott ausgedacht hätten, etwa um ihre Macht über andere zu legitimieren oder um sich über die Unbilden des Lebens hinwegtrösten zu können. Der Glaube an einen solchen Urgrund-

Gott entstand vielmehr, weil da Menschen eine Erfahrung machten, die ihnen sagte: Die Wirklichkeit, in der wir leben, ist größer als das, was wir mit unseren fünf Sinnen erfassen können, größer als unsere gesamte kosmische Daseinswelt.

Was da staunend, in wachen Momenten mit stockendem Atem geradezu, erahnt und *wahrgenommen* wird, dieses Große, Geheimnisvolle hinter allem Dasein – *das* ist Gott.

Nur der *Urgrund von allem,* der uns und alles, was da ist um uns herum, überhaupt erst ins Dasein gebracht hat und im Dasein erhält – nur dieser Urgrund von allem verdient den Namen Gott.

Und dieser Gott kann nicht ein »Etwas«, er muss ein »großer Jemand« sein, der *will,* dass wir da sind.

Von solchem Staunen sagte Aristoteles einst: »Staunen veranlasste zuerst, wie noch heute, die Menschen zum Philosophieren.« Erst dieses ganz urtümliche Staunen, so war er überzeugt, weckt die Frage, die man später die »Grundfrage der Philosophie« nannte: *Ist Gott, oder ist Gott nicht?* Und diese Frage ist wirklich eine Frage, sie hat nicht nur die Form einer Frage.

Beantworten kann man sie durchaus unterschiedlich. Aber eines kann man nicht: sie als aus der Luft gegriffen abtun. Denn was da staunend erahnt wird – das weiß jedenfalls *der* Mensch, der dieses Ur-Staunen kennt –, das liegt dieser Frage voraus, das ist vor allem »Philosophieren« und davon unabhängig da; das ist *Wirklichkeit*, wenn auch eine ganz andere als die unseren fünf Sinnen zugängliche.

Und wenn es diese staunend erahnte Wirklichkeit ist, die wir mit dem Wort »Gott« meinen, dann kann man sich zwar dazu entscheiden, ohne Gott zu *leben*, aber man kann nicht per Beschluss erklären, dass es Gott – den Urgrund allen Seins – nicht gibt. Die Entscheidung, nicht an Gott zu glauben, ist voll und ganz berechtigt, wenn damit die Entscheidung für eine *Lebensweise* ausgedrückt wird, für ein *Leben* ohne Gott; sie wird aber, so sie redlich ist, Gott das Existenzrecht nicht absprechen!

Ist Gott, oder ist Gott nicht? – In der Tat, wir können nur auf eine der beiden Karten setzen. Und setzen müssen wir wohl. Denn von der Antwort hängt die gesamte Lebenseinstellung ab, unser Selbstbild, unser Weltbild und unser Menschenbild, unsere Spiritualität und unsere Lebensart. Der Entscheidung auszuweichen, wäre freilich auch eine Antwort, aber auch sie hat eine Lebenseinstellung, ein Weltbild und ein Menschenbild zur Folge …

Warum eigentlich ist etwas, und warum nicht nichts? Diese Kurzformel bringt das Ur-Staunen – und damit die Ur-Wahrnehmung der Existenz Gottes – auf den Punkt. Auch sie ist als Frage formuliert, aber *diese* Frage ist *nicht* mit Ja oder Nein beantwortbar. Sie regt einfach nur das Staunen an und führt im Staunen von Neuem in das Erahnen, dass die Wirklichkeit, in der wir leben, größer ist als unsere Daseinswelt, größer als das gesamte Universum und, falls es sie geben sollte, größer als die Universen im Multiversum. Es ist ein stammelndes Erahnen, aber ohne dieses Staunen und stammelnde Erahnen muss jede Spiritualität, sei sie religiös oder religionslos orientiert, ideologieverdächtig und als Lebenspraxis oberflächlich bleiben.

Lieber stammelnd an Gott glauben, als ihm vollmundig die Existenz absprechen – oder in geschliffenem Kirchendeutsch von einem »Gott« reden, dem man (noch) nicht staunend-ahnend begegnet ist ...

Gott, ihr drei!

Frag zehn Menschen, woran sie glauben, wenn sie sagen, dass sie »an Gott glauben«, und du bekommst unter Umständen zehn verschiedene Antworten, selbst wenn die Befragten derselben Religion angehören. In der Praxis des religiösen – wie auch des atheistischen (!) – Lebens verbinden sich mit dem Wort Gott die verschiedenartigsten Vorstellungen. Und in der Glaubenslehre gibt es ohnehin von Religion zu Religion Unterschiede in der Gottessicht. So ist in den drei abrahamitischen Religionen der eine Gott zwar der Schöpfer und Erhalter, der Urgrund allen Seins, und doch ist ihre jeweilige monotheistische Gottesauffassung nicht in allem gleich.

Im Christentum wird der eine Gott der »Dreifaltige« oder »Dreieine« genannt. Damit wird das spezifisch *christliche* Gottesverständnis ausgedrückt. Es wird seit dem 4. Jahrhundert auf die Formel gebracht: »ein Gott in drei Personen« – eine theologische Formulierung, die helfen kann, sich denkerisch vor Augen zu stellen, was mit »Dreieinigkeit« und »Dreifaltigkeit« (lateinisch: »Trinität«) gemeint ist; zumindest kann sie helfen, die Vorstellung vom »dreieinen Gott« in die richtige

Richtung zu lenken. Für die spirituelle Lebenspraxis aber kann darüber hinaus eine weitere Formel hilfreich sein. Sie geht auf eine französische Karmelitin zurück, die in Dijon lebte (1880–1906), den Ordensnamen Elisabeth von der Dreifaltigkeit trug und 1984 seliggesprochen wurde. Ihre Formel spricht nicht nur *über* den dreieinen Gott, sondern *zu* dem dreieinen Gott *hin*. Diese Kurzformel lautet: *Gott, ihr drei!*

Wenn in der christlichen Glaubenslehre von Gott die Rede ist, dann ist damit nicht eine einsam dahinexistierende Gottheit gemeint, sondern, mit freilich recht menschlichen Begriffen ausgedrückt, eine *Gemeinschaft* – in der Sprache der Theologie: eine *communio* –, die aus drei *Personen* besteht. Gott, das ist gewissermaßen ein »Nachname«, den gemeinsam drei göttliche Personen tragen. Deren »Vornamen« sind Vater, Sohn und Heiliger Geist. Zusammen sind sie *ein* Gott, weil sie sich in allem, was sie sind und tun und wollen, einig sind, *absolut einig*. Denn ihr tiefstes Wesen ist die Liebe: das absolut liebende Miteinander-in-Beziehung-Sein, aus dem gemeinsam-liebendes – absolut liebendes – Wollen und Tun entspringt.

Knapp zusammengefasst ist das die Gottessicht, die sich auf der Grundlage der Gottesverkündigung Jesu im Laufe der ersten drei Jahrhunderte im Glaubensleben der Christen herausbildete und dann auf Konzilien des 4. und 5. Jahrhunderts mit Begriffen der damaligen philosophischen Geisteswelt im *Großen Credo* theologisch ausformuliert wurde.

Schon damals grenzten sich die Konzilstheologen auch von Missverständnissen ab, die diesbezüglich in Teilen der Christenheit aufgetreten waren:

Gemeint ist mit dem Glauben an einen dreieinigen Gott, so sagten die Vätertheologen, nicht ein »Tritheismus«, also der Glaube an die Existenz von drei Göttern (wie es später auch im Islam den Christen vorgehalten wurde), sondern eben an den *einen* Gott, der aber aus drei sich absolut einigen göttlichen Personen besteht.

Gemeint ist auch nicht ein »Subordinatianismus«, nämlich die Auffassung, dass nur Gott-Vater »richtig« Gott sei, die beiden anderen Personen – Jesus und der Heilige Geist – aber nur ihm »subordinierte«, ihm untergeordnete und damit nur gottähnliche Wesen seien.

Und nicht gemeint ist ein »Modalismus«, nach dem ein und dieselbe göttliche Person nur in verschiedenen »Modi« in Erscheinung tritt, das heißt in unterschiedlicher Art und Weise einmal als der Schöpfer-und-Erhalter-Gott (= Gott-Vater), dann für drei Jahrzehnte in menschlicher Gestalt als Jesus von Nazaret (= Sohn) und schließlich in der religiösen Erfahrung der Christen als Heiliger Geist.

Vielmehr ist gemeint, so die Theologen der Frühzeit, dass wirklich drei Personen gleichrangig und voneinander unterschieden in ihrem absolut liebenden Einssein den einen Gott, den einen Urgrund allen Daseins bilden.

Selbstverständlich ist auch der Begriff »Person« ein sehr menschliches Wort. Die Theologen, die es damals verwendeten, wollten damit zum Ausdruck bringen, was schon im jüdischen Volk zur Gewissheit geworden war: dass Gott, der Schöpfer allen Seins, nicht von geringerer Wesensart sein kann als das, was wir in der geschöpflichen Daseinswelt als höchste Daseinsart kennen, nämlich die menschliche Person; Gott kann kein »Etwas« sein, er muss mindestens das sein, was wir Person nennen – freilich aber in weit größerem, unausdenkbar größerem Sinne.

Von *drei* Personen sprachen die Konzilstheologen, weil sie daran glaubten, dass auch Jesus und der Heilige Geist göttliche Personen sind. Jesus, so glaubten sie mit den Christen der ersten Stunde, lebt als Auferstandener bei Gott und gehört zutiefst – mehr und ganz anders noch als jeder Mensch sonst – zu dem, den er »mein Vater (Abba)« nannte. Er ist von göttlicher Wesensart wie der Abba-Jahweh selbst. Und da schon die Liebe zweier menschlicher Personen erst dann »vollkommene« Liebe ist, wenn diese zwei darin eins sind, einen Dritten zu lieben, muss mit dem Abba und Jesus noch ein Dritter »im Bunde sein«. Diese dritte göttliche Person hatten sie im Heiligen Geist erkannt, von dem es im Johannesevangelium heißt, er sei »der Beistand« – wörtlich: der Advokat, der Anwalt –, »der euch alles lehren und euch an alles erinnern wird, was ich (Jesus) euch gesagt habe« (Joh 14, 26).

»Ein Gott in drei Personen«, das ist die Kurzformel, die uns die Dreieinigkeit Gottes *denken* hilft. Aber um mit dem dreieinen Gott zu *leben*, braucht es mehr als das Denken.

Deshalb heißt es in den »Symbola«, im kleinen wie im großen Glaubensbekenntnis: »Credo in ...«, und das bedeutet, wörtlich übersetzt: »Ich gebe das Herz hin zu ...«, also: »Ich wende mich mit meinem Herzen *hin* zu Gott, dem Vater, *hin* zu Jesus Christus und *hin* zum Heiligen Geist.« Und das geschieht, indem ich sage: »*Du*, Abba ..., *du*, Jesus ..., *du*, Heiliger Geist ...«, und besser noch: *»Gott, ihr drei ...«*

Es macht etwas mit mir, wenn ich Gott so anrede. Mit meinem Gottesbild und mit meinem Menschenbild, mit mir und mit uns ...

Der Weg hat ein Ziel

In den 1980er Jahren tauchte ein Wort auf, das sehr schnell Verbreitung fand und heute oft zu hören ist: »Der Weg ist das Ziel.« Woher es eigentlich stammt, ist unklar. Möglicherweise handelt es sich um die etwas freiere Übersetzung des altchinesischen Wortes »Zhi yu Tao«, das von Konfuzius (um 551–479 v. Chr.) überliefert ist und so viel bedeutet wie: »Richte deinen Willen auf den Weg«. In der chinesischen Weisheitstradition meint »Tao« allerdings nicht nur Weg. »Tao« ist viel inhaltsreicher[12] und bedeutet auch »wahres Leben«, »weise Lebensart« und »höchste Wahrheit«. Menschen, die sich an fernöstlichen Religionen orientieren, sehen daher in dem kleinen Satz so etwas wie ein Leitwort ihrer Spiritualität. Für andere ist er einfach ein Slogan geworden, den man auf verschiedenste Lebenssituationen anwenden und bei entsprechenden Gelegenheiten zitieren kann, mal mit Ernst und mal mit Schmunzeln. Sich selbst oder einem anderen, der noch nicht die Kraft gefunden hat, sich »auf den Weg zu machen« – auf welchen auch immer –, kann man damit Mut zusprechen, doch endlich aufzubrechen und loszugehen. So verstanden, macht dieses geflügelte Wort durchaus auch für Christen Sinn. Ein wenig abgeändert, kann es sogar als Leitwort, als Kurzformel für die christliche Lebensgestaltung dienen: Der Weg *hat* ein Ziel.

Eigentlich *sind* wir auf dem Weg. Immer. Von dem Moment an, als wir gezeugt wurden, bis zum letzten Atemzug im Sterben sind wir auf dem Weg, mittendrin in der Geschichte des Universums, das seit 13,7 Milliarden Jahren auf dem Weg ist, und mittendrin in der Generationenfolge unserer Vorfahren, die als die Jetzt-Menschen (als homo sapiens sapiens) seit etwa 150.000 Jahren auf dem Weg sind. Die Frage ist nicht, wie wir auf den Weg kommen; die Frage ist, so betrachtet, wohin uns unser Weg führt: an ein Ende oder an ein Ziel. Darauf heißt die christliche Antwort: Wir leben nicht auf ein Ende zu, wir leben einem Ziel entgegen, einem großen, wunderbaren Ziel: dem ewigen Leben bei Gott. Oder wie wir volkstümlich sagen: Wir leben dem Himmel entgegen.

Die christliche Kurzformel lautet daher nicht: Der Weg *ist* das Ziel, sondern: Der Weg *hat* ein Ziel.

Der Weg hat ein Ziel. Woher nehmen wir diese Gewissheit?

Ich sage bewusst: *Gewissheit,* denn ein *Wissen* darüber, gegründet auf Beweis und Nachweis, haben wir nicht. Auch wir Christen nicht; streng genommen nicht einmal aus der Bibel. Wir können nur aufgrund bestimmter Einsichten und Erfahrungen, wie sie auch die Bibel schildert, zu der *persönlichen Gewissheit* kommen, dass es so ist. Die Frage heißt dann also: Woher nehme *ich* diese Gewissheit? Warum glaube *ich* – zum Beispiel ich, Reinhard Körner –, dass unser Lebensweg im Tod nicht endet, sondern dass er ein Ziel hat, ein unausdenkbar großes, über alle Maßen herrliches Ziel?

Nüchtern betrachtet, spricht alles dagegen. Ich – auch ich, Reinhard Körner – weiß selbstverständlich, dass jedes Lebewesen vergänglich ist, so vergänglich wie die Erde selbst. Ich weiß auch, dass die Person, die von sich »ich, Reinhard« sagt, nur so lange Bestand hat, wie die Billionen neuronaler Verschaltungen unter meiner Schädeldecke funktionieren. Als Mensch im Zeitalter der Evolutionsbiologie und der Hirnforschung ist es mir nicht möglich zu denken, dass etwas an mir oder in mir unsterblich sei (auch trotz »Nahtod-Erfahrung« nicht, die – so wunderbar sie auch sei – ja keine Nach-Tod-Erfahrung ist, sondern zum Sterbeprozess gehört). Aus sich selbst heraus hat unsere menschliche Natur nicht die Kraft, unsterblich zu sein, auch nicht im psychisch-geistigen Teil ihres einen, unteilbaren Wesens.

Warum sage ich dann dennoch, der Weg *hat* ein Ziel? Aus einem einzigen, aber ganz wesentlichen und entscheidenden Grund: *Weil ich an den Gott der Liebe glaube*, für den mir Jesus die Augen geöffnet hat.

Wenn unsere Natur, die augenscheinlich nicht unsterblich ist, sich einem *liebenden* Gott verdankt, einer liebend-einigen, drei-einigen göttlichen Gemeinschaft, dann darf ich einem solchen Gott zutrauen, dass er mir nach dem Ende meines sterblichen Lebens ein neues Leben geben wird. Er wird meine sterbliche Daseinsweise, wie Paulus sagt (1 Kor 15,42ff), in seine »himmlische«, unsterbliche Seinsweise »verwandeln«. Wenn er mich liebt, wirklich liebt, dann will er mich für immer. Und dann will er, dass mich die, die mich lieben, durch den Tod nicht für immer verlieren. Dann wird er nicht sagen: So, Reinhard, jetzt bist du 75, 80 oder 90 Jahre alt geworden; es war eine (mal mehr und mal weniger) schöne Zeit mit dir, nun ab ins Vergessen!

Nein, dann wird er mich auf(er)wecken aus dem Tod, und meine Todesstunde auf Erden wird meine Geburtsstunde bei ihm sein, in seiner *göttlichen* Daseinsweise.

Er, der Urgrund allen Seins, der in der einen Hand hält und trägt, was er als Natur ins Dasein gesetzt hat, wird mich im Moment des Todes –

weil er mich liebt – in die andere Hand nehmen, mit der er das »Über-Natürliche« erschafft, hält und trägt.

Deshalb glaube ich daran, dass mein Leben nicht einem Ende, sondern einem großen Ziel entgegengeht.

Mein Grab wird leer sein! Auch wenn mein Körper, einschließlich der an ihn gebundenen Psyche, gestorben ist und im Grab verwest. Unser aller Gräber, Grüfte und Urnen werden leer sein, die unserer Lieben – und auch die unserer »Nicht-Lieben«.

Und dann? Was erwartet uns bei Gott? Worin besteht das Ziel?

Keiner kann sich das ausmalen. Auch Paulus, ja selbst Jesus hat uns das nicht ausgemalt. Ausgemalt, in Wort und Bild und meist mit dunklen Farben, wurde das »Danach« erst von Menschen, die eine Gottesvorstellung hatten, die nicht mehr der Gottesverkündigung Jesu entsprach; und wie viel Unheil wurde dadurch in den Menschenherzen angerichtet ...

Mir genügt es, zu wissen, dass Gott uns liebt, wie ein Vater seine Töchter und Söhne liebt. Ein *Abba*-Gott, ja ein im Lieben drei-einiger Gott wird keines seiner Menschenkinder im Totsein lassen. Darauf baue ich.

Und was dann kommt, so sage ich mir, das kann bei einem solchen Gott ja doch nur Gutes sein, unausdenkbar Gutes. So Gutes und Herrliches, wie es sich niemand ausmalen kann (und selbst »Nahtod-Erfahrungen« nur ahnen lassen). Dass er mir Schlimmes antun könnte, brauche ich nicht zu befürchten. Mit freudiger Erwartung gehe ich zu ihm, nicht mit Angst und Sorge. Angst und Sorge habe ich nur vor den möglichen Umständen des Sterbens, die durchaus leidvoll sein können. Nicht aber vor Gott.

Wenn das Neue Testament vom »Gericht« Gottes spricht, dann kann damit kein Strafgericht gemeint sein. Vor Gottes Angesicht wird uns die Wahrheit über unser Leben aufgehen, ohne Frage! Das glaube ich – ja, das ersehne ich: für mich, für meine Lieben und für meine »Nicht-Lieben«.

Und dieser Wahrheit ins Auge schauen zu müssen, das wird brennen wie Feuer! Aber es wird ein »Fege-Feuer« sein, ein Feuer, das reinigt und alles Unheilvolle »ausfegt«.

Dann wird Gott uns nicht hinrichten, dann wir er *geraderichten*, was wir verbogen haben und was an uns verbogen wurde. Niemanden wird er »verdammen«. In die »Hölle« – das heißt in biblischem Verständnis: ins endgültige Totsein – kann sich nur der Mensch selber schicken, und das wird Gott, davon bin ich überzeugt, mit aller Kraft seiner drei-einigen Liebe zu verhindern suchen. Er will nur eines, für *alle* Menschen, seine Töchter und Söhne, ohne es uns freilich gegen unseren Willen aufdrängen zu können: dass wir einmal vollkommen Liebende sind und miteinander sein Leben, das Leben des drei-einigen Gottes mitleben. *Das* wird das Ziel unseres Weges sein.

So vom Ziel zu denken, das wirft Licht auf den Weg. Es ist ein Unterschied, ob ich auf ein Ende zu oder einem Ziel – einem solchen Ziel – entgegenlebe. Das »Leben vor dem Tod« ist anders, wenn ich es lebe im Blick auf mein »Leben nach dem Tod«. Ganz anders! Und diese Erfahrung gibt mir die Gewissheit, dass wahr ist, woran ich glaube: *Der Weg hat ein Ziel.*

Jetzt schon leben, was dann einmal sein wird

Schon lange begleitet mich das Wort: *Jetzt schon leben, was dann einmal sein wird.* Meiner Erinnerung nach habe ich es in einem Buch oder in einem Artikel von Dietmar Mieth gelesen, einem katholischen Theologen, der bis 2008 an der Universität Tübingen christliche Sozialethik lehrte und Fachmann für die Spiritualität Meister Eckharts ist.[13] Für mich ist auch dieses Wort zu einer Kurzformel geworden, die etwas von dem auf den Punkt bringt, worin die christliche Art zu leben besteht.

»*Dann*« – das meint unser Leben am Ziel aller Wege in Gottes Ewigkeit. Was »dann« einmal sein wird, das können wir uns zwar nicht ausmalen, auch in den *hellsten* Farben nicht. Aber im Licht des Evangeliums Jesu betrachtet, dürfen wir erwarten, dass wir das Leben Gottes mitleben werden.

Es wird ein Leben in vollkommener Liebe sein, in unbeschreiblich tiefer Beziehung mit dem drei-einen Gott. Und miteinander!

Am Ziel unseres Erdenlebens, im Status unserer Vollendung in der Ewigkeit Gottes, werden wir wie eine jede der drei göttlichen Personen sein, gewissermaßen ihrem Charakter gleich: so zuwendungs- und liebesfähig wie Gott, so wahr, so kreativ ... Mit den göttlichen Drei in vollendeter Beziehung leben können, und zugleich auch allen in Gott Vollendeten so vollendet zugewandt sein können, wie die göttlichen Drei einander zugewandt sind – das ist die von Gott gewollte, letztendliche Zukunft des Menschen. Nicht, dass wir uns selbst dazu fähig machen könnten! Gott wird uns dazu fähig machen, wenn er uns *geraderichtet* und *herrichtet* für das Leben in seinem »Himmel«.

Nein, »himmlisch« sind wir noch nicht. Aber *jetzt schon leben, was dann einmal sein wird*, das können wir. Nicht in Vollkommenheit, ganz und gar nicht. Doch was uns in unserer Unvollkommenheit davon zu verwirklichen möglich ist, das können wir leben – jetzt schon: einander *anschauen*, nicht von Gesicht zu Gesicht nur, sondern »von Angesicht zu Angesicht«; einander *erkennen*, nicht abschätzig durchschauen; *geraderichten*, was nur geradezurichten geht; *wiederherrichten* und heilen, wo immer das Unheile quält; einander *aufrichten* zum aufrechten Gang ... Und *weinen* miteinander, in Schuld, im Schmerz und im Glück ...

Die gesamte christliche Ethik – alles, was *jetzt* die christliche Art des mitmenschlichen Verhaltens ausmacht – lässt sich mit dieser Kurzformel zusammenfassen.

Aber auch das, worauf es – *jetzt* – im Leben mit *Gott* ankommt, in der christlichen Art des religiösen Lebens im engeren Sinne, ist hier auf den Punkt gebracht.

Wenn das »Dann« darin besteht, in vollkommener, tiefster Beziehung mit Gott zu leben, dann geht es auch im »Jetzt« schon darum, diese Beziehung zu suchen und zu pflegen – die von der Liebe getragene Beziehung mit dem zwar verborgenen, aber im Verborgenen anwesenden Gott. Es geht darum, dass ich ihm die Liebe glaube, die er zu mir hat; und dass ich mich ihm liebend, aus dem Herzen heraus, zuwende – dem Gott, der die Gemeinschaft der drei göttlichen Personen ist; ja, dass ich mit ihm mitliebe, das heißt gemeinsam mit den göttlichen Drei liebe, was sie und wen sie gemeinsam lieben.

Es wird dann auch klar, worum es *nicht* geht in der christlichen Spiritualität: nicht darum, wie ich bei Gott »Verdienste sammeln« kann; nicht darum, wie ich einen »gnädigen Gott« finde; nicht darum, was ich alles tun müsste, um »Erhörung« meiner Bittgebete zu erlangen; und schon gar nicht darum, wie ich durch Gebet, Meditation und andere Formen religiösen Lebens zu ein bisschen mehr »Seelen-Wellness« komme ...

Der »Himmel« ist die Zukunft unseres Lebens. Aber er hat schon begonnen. Denn wenn der Tod nicht das Ende ist, dann leben wir *ab jetzt* schon ewig. Deshalb spricht das Johannesevangelium gern in der Gegenwartsform, wenn darin vom »ewigen Leben« die Rede ist. »Wer mein Wort hört und dem glaubt, der mich gesandt hat«, heißt es da zum Beispiel, »der hat (!) das ewige Leben.« (Joh 5,24)[14]

Alles, was wir jetzt tun und wofür wir uns jetzt engagieren, ist für immer! Auch unsere Liebe zueinander hat Zukunft für immer, ihre Ewigkeit hat schon begonnen. Jede Freundschaft, jede Liebe – alles, aber auch alles steht unter dem Stern der Ewigkeit. Nichts ist umsonst getan, was wir liebend tun; und was wir jetzt nicht-liebend tun, wird einmal geradegerichtet sein.

Jetzt schon leben, was dann einmal sein wird. Augustinus (gestorben 430) hat dasselbe, ebenfalls mit einer Kurzformel, so auf den Punkt gebracht: »Dilige, et quod vis fac! – Liebe, und dann tu, was du willst!«[15]

Nicht: Gott in Frage stellen, sondern: Gott die Frage stellen

Warum das Leid, warum all das Leid? Diese Frage macht auch vor religiösen Menschen nicht Halt. Sie heißt dann: Warum lässt Gott all das Leid zu? – und geht nicht selten mit einem Verdacht einher: Ist Gott wirklich ein liebender Gott, wenn so viel Leid geschieht in dieser Welt? Ja: Kann es angesichts von so viel himmelschreiendem Leid überhaupt einen Gott geben?!

Gedanken, die an der Substanz des Glaubens nagen, heute mehr denn je …

Ein jüdischer Theologe des 20. Jahrhunderts, Schalom Ben-Chorin (gestorben 1999), schrieb einmal dazu: »Der antike Jude stellt in der Stunde der Not die Frage an Gott; der moderne Mensch stellt Gott in Frage.«[16]

Ob man das so pauschal sagen kann, sei dahingestellt. Jedenfalls hat mich der Satz dazu angeregt, daraus eine weitere Kurzformel zu machen. Ich denke, sie bringt wiederum einen wichtigen Aspekt christlichen Glaubenslebens auf den Punkt, einen sehr zentralen Aspekt. Das Wortspiel aufgreifend, habe ich sie für mich so formuliert: *Nicht: Gott in Frage stellen, sondern: Gott die Frage stellen.*

Die Frage nach Gott und dem Leid hat eine Entwicklungsgeschichte. Der »antike Jude« ging, von dieser Entwicklung her betrachtet, tatsächlich anders mit ihr um als der »moderne Mensch«. Und auch er stand bereits in einer langen Geschichte: in der Geschichte der menschlichen Leiderfahrung sowieso, aber auch in einer Deutungsgeschichte des Leids, die sich, holzschnittartig skizziert, etwa folgendermaßen zusammenfassen lässt:

Über Jahrzehntausende hin meinten die Menschen, alles, was ihnen widerfährt, das Gute wie das Leidvolle, sei Schickung (»Schicksal«) der Mächte und Gewalten, von denen sie sich abhängig erlebten. Sie hielten die Naturgewalten für Götter, deren Willkür sie ausgeliefert seien. Das Leid war ein *Leiden wegen der Götter*. In den meisten alten Kulturen glaubte man, es durch rituelle Opfer an die Götter, auch Menschenopfer, abwenden oder doch wenigstens verringern zu können. In anderen Traditionen, vor allem in einigen asiatischen Religionen, versuchte der Mensch, für das Leid subjektiv unempfindlich zu werden, zum Beispiel durch bestimmte Formen von Meditation.

Als dann vor gut zweieinhalbtausend Jahren in dem kleinen Volk der Juden die Erkenntnis zum Durchbruch kam, dass es nur einen einzigen Gott geben kann und dieser Gott der Urgrund von allem sein muss, lernte der »antike Jude« das Leid als

Ausdruck der Gerechtigkeit Gottes zu verstehen: Nicht willkürlich, je nach Lust und Laune, schickt Gott Gutes oder Böses, sondern wie es der Mensch durch sein Verhalten verdient (die Theologen sprechen vom »Tun-Ergehen-Zusammenhang«). Leid, so glaubte man im Volk Israel, ist das Mittel, mit dem der gerechte Gott die Menschen für ihr Unrecht bestraft, sie aber auch zum Guten erziehen will. Weil der Jahweh-Gläubige – der »antike Jude«, wie die Bibel ihn beschreibt – Gott als seinem Schöpfer Vertrauen schenken kann, wendet er sich im Leid zu Gott hin; er klagt Gott sein Leid und stellt an ihn die Frage: Warum, Gott, all das Leid?! Das Leid wurde so zum *Leiden vor Gott* und zum *Leiden mit Gott.* Die Psalmen vor allem geben davon Zeugnis.

Jesus von Nazaret schließlich führte uns über die Vorstellung eines gerechten Gottes – gerecht im Sinne des Lohn-Leistungs-Prinzips – weit hinaus, und damit auch über die Deutung des Leids als Strafe und Erziehungsmittel Gottes. In der Beziehung zum Gott der absoluten Liebe wird das Leid *zum Leiden, das Gott selbst mit uns mitleidet* und zum *Leiden, gegen das zusammen mit Gott angegangen werden muss.* Jesus selbst wurde für diese Art, mit dem Leid umzugehen, zum Zeugnis. Als der Auferstanden-Gegenwärtige wurde der am Kreuz Leidende für viele Christen, Generation um Generation, zum Bruder und Beistand im Leiden –

und zum Kraftquell, gegen das Leid anzugehen, wo immer es nur möglich ist.

In der noch kurzen christlichen Zeit der Menschheitsgeschichte wirkten freilich die *alten* Deutungen noch lange fort; sie sind bis heute weder in den Herzen aller Christen noch in der Praxis der Glaubensverkündigung ganz überwunden. Zusammen mit dem Rückfall in ein Gottesbild, das eine vertrauensvolle Hinwendung zu Gott und damit die Frage *an* Gott nicht mehr zuließ, sind sie ohne Zweifel eine wesentliche Ursache dafür, dass der »moderne Mensch« schließlich Gott *in* Frage zu stellen begann: Kann es Gott überhaupt geben bei all dem Leid in der Welt? Für viele Menschen im einst christlichen Abendland ist dann, mit Georg Büchner (gestorben 1837) gesprochen, das Leid zum »Fels des Atheismus«[17] geworden, zum stärksten Anlass, nicht (mehr) an Gott zu glauben.

Es war zu Beginn des 18. Jahrhunderts ein deutscher Philosoph und Universalgelehrter, Gottfried Wilhelm Leibniz (gestorben 1716), der schließlich den Anstoß gab, die Frage des »modernen Menschen« ernst zu nehmen.[18] Ein Heer von namhaften Theologinnen und Theologen hat seitdem versucht, gründlicher über sie nachzudenken und darauf eine Antwort zu finden. Das Ergebnis lässt sich kurz so zusammenfassen:

Wenn Gott die Welt wollte und in dieser Welt den Menschen wollte, ein Wesen, das – wie Gott selbst – zum Lieben fähig ist, dann musste er dem Menschen ein bestimmtes Maß an Freiheit geben und die Möglichkeit, sich als liebender Mensch Schritt um Schritt zu verwirklichen, ja, sich als ein liebender und geliebter Mensch selbst zu wollen. Das jedoch setzt voraus, dass Gott der *gesamten Welt*, deren Teil der Mensch ist, Freiheit geben und sie als eine noch unvollkommene Schöpfung, als eine »Werde-Welt« ins Dasein setzen musste. Eine freie und noch unvollkommene Welt aber kann auch Unvollkommenes hervorbringen, wie Krankheiten und Naturkatastrophen, die für den Menschen leidvoll sind. Und menschliche Freiheit, verwirklicht in Unvollkommenheit, kann auch Liebloses hervorbringen und damit all das Leid, das Menschen, gewollt und ungewollt, einander antun.

Das Leid – das »physische«, das die unvollkommene Natur hervorbringt, wie das »moralische«, das der Mensch verursacht – ist, so formulierten viele Theologen, »der Preis der Freiheit«, ja »der Preis der Liebe«.[19] Gott hat uns – und sich selbst (!) – diesen Preis zugemutet.

Aber ist der Preis nicht gar zu hoch? Hätte Gott nicht besser auf die Erschaffung der Welt verzichten sollen?

Die Frage bleibt offen. Sie ist auch mit dem Hinweis nicht beantwortet, Gott hätte dann von vornherein vor dem Bösen kapituliert.[20]

Letztlich bleibt uns nur, ehrlich einzugestehen, dass wir Menschen die Frage nach Gott und dem Leid nicht beantworten können – und dass es anmaßend wäre, Gott angesichts des Leids in Frage zu stellen. Lieber will ich ein »alter Jude« sein – einer aus der Schule Jesu freilich –, der *an Gott die Frage stellt* und, wie der Philosoph und Theologe Romano Guardini (1885–1968) es noch auf der Sterbebett ausdrückte, bereit ist, auf den »ersten Tag der Ewigkeit« zu warten, an dem Gott selbst sie uns beantworten wird.[21] Ich traue Gott zu, dass er sie uns beantworten kann – und dass er weiß, was er sich und uns zugemutet hat ...

Warum all das Leid? – Das ist weit mehr als eine Frage. Hinter dem »Warum« steht nicht nur das Fragezeichen, sondern auch das Ausrufezeichen. Das »Warum« ist ein Aufschrei zuerst! Gott, darauf baue ich, hört nicht nur unsere Frage, er hört vor allem den Aufschrei! Aus dem leidenden Herzen *jedes* Menschen.

Ichthýs

Die nächste Kurzformel müsste ich eigentlich zeichnen, denn sie besteht nicht aus Worten – sie besteht aus einem Bild. Es stammt aus den ersten Jahrhunderten der Kirche und war, jedenfalls der Überlieferung nach, so etwas wie ein geheimes Erkennungszeichen unter den Christen.

Wenn damals in den schweren Zeiten der Verfolgungen und Anfeindungen sich einer nicht sicher war, ob der Fremde, der ihm begegnete, ebenfalls ein Christ war, malte er, so wird erzählt, mit dem Finger einen Bogen in den Sand; war der Fremde ein »Bruder in Christus«, vollendete der das Zeichen mit einem Gegenbogen, sodass daraus ein stilisiertes Bild entstand: das *Fischzeichen*, wie es heute auf den Autos mancher Christen zu sehen ist.

Durch den frühchristlichen Schriftsteller Tertullian (gestorben um 220) wissen wir, dass der Fisch ein beliebtes Symbol für Jesus Christus war.[22] Noch bis ins 5. Jahrhundert hinein war es sogar das Hauptsymbol der Christenheit; danach erst, offiziell seit dem Konzil von Ephesus im Jahr 431, trat an dessen Stelle das Kreuz.

Irgendwann in diesen ersten Jahrhunderten wurde der Fisch – griechisch: *ichthýs* (ἰχθύς) – bei den Christen des östlichen Mittelmeerraumes auch zu einer Kurzformel aus Worten. Sie ordneten den einzelnen Buchstaben, also i-ch-th-y-s, Begriffe zu, mit denen sie die Bedeutung, die Jesus für sie hatte, näher beschreiben konnten: i – *Iesous*; ch – *christós*; th – *theou* = Gottes; y – *(h)yiós* = Sohn; s – *sotér* = Erlöser. Davon wissen wir durch Bischof Augustinus, der diese Begriffe um 420 für die Christen im Westen des römischen Reiches ins Lateinische übersetzte.[23] Zusammengelesen ergeben sie die Kurzformel: *Jesus (ist) Christus, Gottes Sohn (und) Erlöser.*

Es kann nicht anders sein: Das »Unterscheidend- und Entscheidend-Christliche« ist letztlich in Jesus selbst zu suchen. Er – er in Person – ist der Kern, die Mitte des christlichen Glaubens. Und somit auch die Mitte der christlichen Spiritualität, der christlichen Art, das Leben zu leben. Worin konkret seine Bedeutung für uns Christen besteht, das bringen die Begriffe der Kurzformel *ichthýs* auf den Punkt:

Jesus, der Jude aus Nazaret in Galiläa, ist der *christós*, lateinisch: der Christus. Hinter dieser Bezeichnung steht das biblische Wort Messias (hebr.: meschiach), übersetzt: der Gesalbte.

Ursprünglich auf die jüdischen Könige angewandt, war mit diesem Wort seit dem 5. Jahrhundert v. Chr. im Volk Israel die zunehmende Sehnsucht verbunden gewesen, dass doch Gott einmal einen Menschen schicken möge, der nicht nur, wie die Könige bei der Inthronisation, mit Öl gesalbt wird, sondern *mit göttlicher Weisheit* »gesalbt« ist – einen Menschen, der uns mit seinem ganzen Denken, Fühlen und Handeln zeigen kann, worum es im Tiefsten in diesem Leben geht: wer Gott ist, wer der Mensch ist, warum und wofür wir da sind ...

»Jesus ist der Messias, der Christus«, das bedeutete nun für die frühen Christen: Dieser Jesus aus Galiläa, das ist der so lange Ersehnte! *Ihn* »hat Gott für uns zur Weisheit gemacht« (1 Kor 1,30). Er bringt Weisheit, wie wir sie noch nirgends gefunden haben; er ist ein von Gott mit Weisheit Gesalbter wie keiner sonst.

Wenn ich dasselbe heute und von meiner persönlichen Erfahrung her ausdrücken sollte, würde ich es so sagen: Im Laufe meiner über 60 Lebensjahre habe ich viel gehört, gelernt und gelesen, viele bedeutende Werke der Religions- und Philosophiegeschichte studiert, mich im Rahmen meiner Möglichkeiten mit den verschiedensten Religionen, Spiritualitäten und Weltanschauungen auseinandergesetzt und zusammen mit den unterschiedlichsten Menschen darüber diskutiert und nachgedacht; doch nirgends ist mir so viel Weisheit, so viel Menschlichkeit und eine solche Höhe und Tiefe von Religiosität begegnet wie bei Jesus. Er ist auch für mich der »Messias«, der *Christus* geworden – der mit einer Weisheit Gesalbte, die letztlich nur in Gott ihren Ursprung haben kann; bei ihm habe ich *alles* gefunden!

Für meine spirituelle Lebensgestaltung bedeutet das: Ich will nicht nur irgendwie »an ihn glauben« – ich will *in seine Schule gehen*. Täglich. Und ich weiß: Bei ihm werde ich nie ausgelernt haben ...

Jesus ist *Gottes Sohn*. Freilich, jeder Mensch ist, vom biblischen Glauben her betrachtet, Gottes Sohn, Gottes Tochter. Doch sich als solch ein Sohn, als Sohn eines absolut und bedingungslos liebenden Abba-Gottes, auch zu *fühlen*, ja mehr noch: ein Sohn eines solchen Gottes auch mit dem ganzen Denken, Reden und Tun zu *sein* – darin ist dieser Jesus einmalig. Er ist, wie es im *Kleinen Credo* heißt, ein »unicum« von Sohn, ein einzigartiger Sohn unter allen Töchtern und Söhnen Gottes. – Aber ist dieser »wahre Mensch« auch »wahrer Gott«, ja, wie das *Große Credo* sagt, »wahrer Gott vom wahren Gott ..., eines Wesens mit dem Vater«?

Das zu denken und denkerisch nachzuvollziehen, fällt heute schwer. Auch mir. Aber je länger ich mit diesem Jesus unterwegs bin und in seine

Schule gehe, desto mehr traue ich ihm – und seinem Gott – zu, dass es tatsächlich so ist. Dass er von Gott gekommen und wieder zu Gott gegangen ist, dass er schon immer und für immer *Gott an der Seite Gottes* ist.

Auch wenn das zu denken für meinen Verstand, auch für meinen theologisch geschulten Verstand, zu hoch ist – darunter will ich nicht bleiben. Mehr und mehr habe ich den Eindruck gewonnen, der mir persönlich zur Gewissheit geworden ist: So, wie dieser Jesus aus Nazaret Mensch ist, so kann nur Gott Mensch sein. Kleiner jedenfalls kann ich nicht mehr von ihm denken ...

Das bedeutet für meine spirituelle Lebensgestaltung: Ich lebe nicht nur mit seiner Lehre, ich lebe mit *ihm*. Wir haben eine – wenn auch von meiner Seite her recht armselige – Beziehung zueinander.

Und Jesus ist der *sotér*. In den deutschen Bibelausgaben wird sotér meistens mit Erlöser oder Retter übersetzt; früher gab man dasselbe Wort mit Heiland (althochdeutsch: Heliand) wieder, heute auch mit Befreier. Die Übersetzungsunterschiede zeigen schon, wie viele Nuancen berücksichtigt werden müssen, um angemessen ausdrücken zu können, was hier gemeint ist.

Heilsbringer wäre wohl die treffendste Übersetzung, sie schließt alle Nuancen mit ein. *Heil* ist ja, auch in der deutschen Sprache, ein Wort, das alles umfasst, was das Leben zum Leben macht. Und genau das ist es, was Jesus uns bringen wollte: Leben! »Ich bin gekommen, damit sie das Leben haben und es in Fülle haben«, heißt es im Johannesevangelium (10,10).

Wenn die Bibel von Jesus als dem sotér spricht, dann sagt sie nicht nur, *wovon* er uns geheilt, erlöst und befreit oder *wovor* und *woraus* er uns gerettet hat, sondern vor allem, *wohin* er uns erlösen und befreien will. Es wäre eine verengte Sicht, nur an eine »Erlösung *von* ...« und an eine »Rettung *aus* ...« zu denken – genauso wie es nur die halbe Wahrheit wäre, zu denken, Jesus habe uns dadurch erlöst, dass er für uns gestorben ist. Er hat auch und vor allem *für uns gelebt!* Sein *ganzes* Leben unter uns Menschen, mit allem, was er gesagt und getan hat – bis *hin* »zum Tod am Kreuz« (Phil 2,8) – hat uns erlöst.

Worin dieses »Leben in Fülle«, dieses Heil, zu dem hin er uns zu erlösen und zu befreien »gekommen« ist, konkret besteht, das lässt sich letztlich nicht mit theologischen Begriffen, auch nicht mit Bibelworten ausdrücken – das muss man persönlich erleben, das kann ich nur erfahren! Dann erst weiß ich auch, *wovon* er mich erlöst und *woraus* er mich gerettet hat.

Und ich kann es umfassend nur in dem Maße erleben und erfahren, wie ich bei diesem mit

Weisheit Gesalbten in die Schule gehe und mit diesem Gottessohn in vertrauensvoller Beziehung lebe. Gerade bei dieser Kurzformel und gerade an der Stelle, wo vom sotér die Rede ist, ist also der Mut gefragt, eigene, ganz persönliche, aus der Erfahrung gewonnene Worte für das zu suchen, was hier gemeint ist. Spätestens bei diesem Begriff verlangt die Kurzformel *ichthýs* nach einer Formulierung aus dem eigenen Herzen ...

Ob den Christen, die sich das Fischsymbol ans Auto kleben, immer bewusst ist, was – ja wen – sie da durch die Gegend fahren?

Mit wem bin ich Kirche?

Die Christen der ersten Jahrhunderte kannten noch eine Kurzformel, die aus einem einzigen Wort besteht. Auch wir kennen sie – und kennen sie doch nicht. Sie lautet auf Griechisch: *kyriaké*, woraus über das umgangssprachlich-griechische *kirika* und das althochdeutsche *kiricha* unser Wort *Kirche* wurde.[24]

»Kirche«, eine Kurzformel christlicher Spiritualität: Darauf würde heute von allein wohl niemand kommen. Schon deshalb nicht, weil die Kirche, voran die katholische, in dem nicht ganz unbegründeten Verdacht steht, eher »dogmatisch« als spirituell zu sein. Aber es ist tatsächlich so, das Wort *Kirche*, hergeleitet von *kyriaké*, bringt einen Wesenszug christlicher Spiritualität auf den Punkt.

Kyriaké (gesprochen: kyriakä, endbetont) ist die weibliche Form eines Adjektivs, das so viel wie »zum kýrios, zum Herrn gehörend« bedeutet. Im Neuen Testament kommt es in den Zusammensetzungen »kyriakòn deípnon« = »das dem Herrn gehörende Mahl (das Abendmahl)« (1 Kor 11,20) und »kyriakè heméra« = »der dem Herrn gehörende Tag (der Sonntag)« (Offb 1,10) vor. Schon früh wurde es auch mit dem Wort ekklesía verbunden, das in der antiken Welt ganz allgemein eine Bürgervereinigung sowie die Versammlung einer Bürgervereinigung bezeichnete. Dadurch wollten die Christen sagen: Wenn *wir* zur Versammlung zusammenkommen, ist das eine *kyriakè* ekklesía: eine Versammlung, bei der der auferstandene Jesus Christus, der Kyrios, im Mittelpunkt steht; und die Vereinigung, die *wir* bilden – die Gemeinde vor Ort wie auch die Gemeinschaft aller Gemeinden –, ist ebenfalls eine *kyriakè* ekklesía: eine Gemeinschaft von Menschen, die zum Kyrios Jesus Christus gehören. Seit dem 3. Jahrhundert dann nannten sie sich einfach nur kurz die *kyriaké*.

In der Kurzformel *Kyriaké/Kirche* ist auf den Punkt gebracht, was wir Christen sind; in diesem einen Wort ist der Kern der gesamten Ekklesiologie, der späteren theologischen Lehre von der Kirche, ausgedrückt. Darauf hat uns Kardinal Walter Kasper in seinem Buch über das Wesen der katholischen Kirche (von 2011) wieder aufmerksam gemacht.[25] Die Kirche, die Kyriaké, ist eine Gemeinschaft von Menschen, die zu Jesus Christus gehören – in beiderseitigem Sinne, von Christus her wie von den Christen her betrachtet: Jesus Christus sieht uns als zu sich gehörend an, und wir verstehen uns als zu ihm gehörend.

Für die christliche Art, spirituell zu leben, bedeutet das: *Ich bin Kirche*, ich bin *zu Jesus Christus gehörend*; und: *Ich bin immer zusammen mit anderen Kirche* – weil zum Kyrios Jesus Christus nicht nur ich allein gehöre. Im Übrigen auch nicht nur eine Konfession allein. Würde ich sagen »Jesus ja, Kirche nein«, die Rechnung ginge nicht auf. Wo immer es noch andere Menschen gibt, die sagen: »Jesus ja!«, bin ich zusammen mit ihnen Kirche.

Als mir das vor einigen Jahren klar geworden war, habe ich mir die Frage gestellt: Mit *wem*, mit wem eigentlich konkret, bin ich *Kirche?* In diese Frage gekleidet, ist die alte Kurzformel *Kirche* für mich – und inzwischen auch für viele andere, denen ich sie in Vorträgen und Büchern weitersagte[26] – eine wichtige spirituelle Lebenshilfe geworden. Ich habe durch dieses eine Wort, dieses ur-kirchliche Wort *Kyriaké/Kirche,* einen neuen Blick auf die Ecclesia, auf die sogenannte »Institution Kirche« bekommen.

Mit wem bin ich Kirche? Die Antwort ist zunächst ernüchternd. Jedenfalls wenn ich mir die Antwort vom Kyrios her, von Jesus her, geben lasse.

Von ihm her betrachtet sind *alle* Kirche, die er »an sich gezogen« (Joh 12,32) und mit seinem Geist berührt hat – ob sie mir genehm sind oder nicht.

Und von der menschlichen Seite her gesehen ist es nicht anders: Wer auch immer und aus welchen Gründen auch immer zu Jesus Christus gehören möchte, mit dem bin ich Kirche – ganz gleich, ob dieser Mensch nach meinem Urteil ein »guter« Christ ist oder ein »schlechter«. Die Kirche, das wusste im 5. Jahrhundert schon Bischof Augustinus, ist eine »societas mixta«, eine sehr gemischte Gesellschaft, zu der Christen »de numero« genauso gehören wie Christen »de merito«,[27] solche, die sich irgendwie dazuzählen, wie solche, die sehr bewusst als Christen leben. Ganz zu schweigen davon, dass alle, vom gläubigen Laien bis zum Papst, unvollkommene Menschen, ja, Sünder, sind – wie ich auch. Mit ihnen allen bin ich Kirche.

Und dennoch – ja, gerade deshalb – darf ich ehrlich sein im Umgang mit meiner Frage. Es gibt nun einmal in der »gemischten Gesellschaft Kirche« Menschen, mit denen ich mich mehr, und Menschen, mit denen ich mich weniger in der Beziehung zu Jesus verbunden erfahre. So darf ich durchaus auch fragen: Mit wem *erlebe* ich Kirche, mit wem bin ich *gern* Kirche? Denn dann wird mir klar, dass »die Kirche« nicht nur aus Menschen besteht, die in ihren Ansichten und Verhaltensweisen weit weg zu sein scheinen vom Geist des Evangeliums. Dann sehe ich, dass es in der Kirche auch die Menschen gibt, die, wenn auch noch so armselig, wirklich mit Jesus und seinem Abba zu leben bemüht sind. Und wenn es nur zwei oder zehn wären, die mir da einfallen – mit ihnen bin ich Kirche. Ich schaue dann nicht mehr nur auf »die Kirche«, an der mich – auch mich, Reinhard Körner – so vieles ärgert, mit der ich mich nicht in allem identifizieren kann und von der ich mich in so manchem distanzieren muss.

Kirche – im tiefgründigeren, geistlichen Sinne betrachtet – ist nicht nur eine Institution. Sie ist, so formuliert Kardinal Kasper, »als Institution immer zugleich mehr als Institution; sie ist als Institution eschatologisches geistliches Ereignis«, und beides, »Institution und Ereignis, Gestalt und Gehalt der Kirche lassen sich unterscheiden, aber nicht scheiden«.[28] Das bedeutet dann auch: Kirche, als *kyriakè* ekklesía, »ist« nicht nur, Kirche *geschieht*. Zur Kirche gehört man nicht nur, es gilt auch, *Kirche zu leben*.

Vom Kyrios her gesehen geschieht sie immer, das garantiert seine Treue.

Von uns Menschen her geschieht sie dann, wenn wir uns dem Kyrios zuwenden, wenn da also »etwas läuft« zwischen mir und ihm und ich ein Ohr für ihn habe. Tun wir – tue ich – das nicht, bleibt das Kirche-Sein von uns her inaktiv. In dem Maße, wie die Kyriaké in den Einzelnen geschieht oder nicht geschieht, geschieht sie oder geschieht sie nicht in der Summe dieser Einzelnen, in der konkreten Ecclesia vor Ort nicht und in der weltweiten Ecclesia nicht.

Und sie geschieht. Die Kyriaké geschieht. Sie *wird* gelebt. Auch heute. Die Menschen, denen es zuerst um den »Gehalt« der Kirche, den Kyrios geht, nicht zuerst um die »Gestalt« der Kirche, um ihr Ansehen, ihren Einfluss und ihre Verwaltungsstrukturen – und die gerade dadurch Kirche *sind* –, diese Menschen sind da. Es sind sehr viele, unter den Laien-Christen wie unter den Priestern, den Ordensleuten und den Bischöfen. Viele von ihnen gehören zu den Stillen im Land – aber ich kann sie finden ...

Kirche sein ist ein Programm, ein persönliches und gemeinsames spirituelles Lebensprogramm. Denen, die mit mir Kirche sind, tut es gut – und mir auch –, wenn ich ihnen (wenigstens dem einen und der anderen) gelegentlich einmal sage: *Mit dir bin ich gern Kirche!*

WIR SIND MITEINANDER MENSCHEN ZUERST ...

Es gibt gewiss noch viele Aspekte des christlichen Glaubenslebens, die man auf eine Kurzformel bringen könnte. Und es gibt noch viele Kurzformeln, die schon vorhanden sind – wir brauchten sie uns nur zu eigen zu machen.

Mir persönlich ist zum Beispiel auch das Pauluswort: »*Der Buchstabe tötet – der Geist macht lebendig*« (2 Kor 3,6) zu einem wichtigen Leitmotiv geworden, für das Bibelverständnis etwa und für den Umgang mit liturgischen Texten.

Oder die Formel eines eher unbekannten geistlichen Autors aus dem 19. Jahrhundert, namens Bartholomäus del Monte: »*Suche den Gott der Tröstungen, nicht die Tröstungen Gottes!*«

Oder das Wort meines Ordensvaters Johannes vom Kreuz: »*Wenn der Mensch Gott sucht – vielmehr noch sucht Gott den Menschen.*«[29]

Und nicht zuletzt die kürzeste aller Kurzformeln christlichen Lebens, die aus nur einer einzigen Silbe besteht; sie lautet ganz bescheiden nur: *du*. Der jüdische Theologe Martin Buber (1878–1965) hat sie das »Grundwort« des Menschen genannt. Sie hat die Besonderheit, dass sie nicht benennt oder beschreibt, was christliches Leben ist, sondern dass sie es bewirkt: Wird sie bewusst ausgesprochen, zum Mitmenschen hin und zu Gott hin, *geschieht* durch sie christliches Leben.

Die Liste solcher Kurzformeln christlicher Spiritualität, aus der Bibel wie aus der geistlichen Tradition der Kirche, wäre noch lang. Aber ich will es bei den genannten belassen. Es sollten ja, wie eingangs gesagt, nur ein paar Beispiele vorgestellt werden – als Anregung für die Leserinnen und Leser, sich *selbst* die eine oder andere Kurzformel zu bilden und so auf den Punkt zu bringen, was ihnen wichtig ist für ihr Leben aus dem Geist des Evangeliums.

Nur eine Kurzformel will ich noch hinzufügen. Sie präsent zu halten und tief im Herzen zu haben, scheint mir besonders wichtig in einer Zeit, in der wir Christen mit Menschen unterschiedlichster Religion und Weltanschauung zusammenleben. Ich habe sie mir so zurechtformuliert: *Wir sind miteinander Menschen zuerst – Gottes Menschen.*

Ob katholisch wie ich oder zu einer anderen Konfession gehörig, ob anders-religiös oder religionslos: Wir alle sind Menschen. Menschen zuerst – *vor* jeder Konfessions- und Religionszugehörigkeit und *vor* jeder weltanschaulichen und spirituellen Orientierung. Diese Einstellung basiert auf der jüdisch-christlichen Glaubensüberzeugung, dass Gott der Schöpfer *aller* Menschen ist und mit ihnen *allen* den Weg zur Vollendung der Schöpfung geht. Die Enzyklika *Licht des Glaubens* – ein Rundschreiben vom Juli 2013, das von Benedikt XVI.

erarbeitet und von Papst Franziskus unterzeichnet und veröffentlicht wurde – hat uns diesen biblisch-theologischen Grundsatz in Erinnerung gebracht; darin heißt es: »In der Mitte des biblischen Glaubens steht die Liebe Gottes, seine konkrete Sorge um jeden Menschen, sein Heilsplan, der die ganze Menschheit und die ganze Schöpfung umfasst ...«[30]

Wir Christen haben keine exklusive Heilsberufung! Wir haben lediglich eine Aufgabe. Aber eine große Aufgabe. Vielleicht eine viel zu große, doch für die zu leben es sich lohnt: dass wir uns mitsorgen mit Gott um einander, um seine Menschen.

ABKÜRZUNG DER BIBLISCHEN TEXTE

(soweit sie in diesem Buch zitiert wurden)

Jer	Buch Jeremia
Dan	Buch Daniel
Mt	Matthäusevangelium
Mk	Markusevangelium
Lk	Lukasevangelium
Joh	Johannesevangelium
Apg	Apostelgeschichte
Röm	Römerbrief
1 Kor	Erster Korintherbrief
2 Kor	Zweiter Korintherbrief
Eph	Epheserbrief
Phil	Philipperbrief
Kol	Kolosserbrief
1 Joh	Erster Johannesbrief
Offb	Offenbarung des Johannes

Die Bibelzitate sind in der Regel der *Einheitsübersetzung* entnommen.

ANMERKUNGEN

1 *Benedikt XVI.*, Enzyklika *Deus caritas est* (Gott ist die Liebe), 1.

2 *Karl Rahner*, Sachliche Schwerpunkte der heutigen Verkündigung, in: *Roman Bleistein*, Kurzformeln des Glaubens, Band 1: Prinzip einer modernen Religionspädagogik, Würzburg 1971 (7–11) 7.

3 Wiedergegeben und kommentiert von Roman Bleistein, in: *Roman Bleistein*, Kurzformeln des Glaubens, Band 1, 104–112.

4 Deutsche Übersetzung in: *Roman Bleistein*, Kurzformeln des Glaubens, Band 2: Texte, Würzburg 1971, 103–113.

5 *Roman Bleistein*, Kurzformeln des Glaubens, Band 1, 124.

6 Siehe dazu: *Helmut Merklein*, Artikel *metánoia*, in: *Horst Balz, Gerhard Schneider* (Hg.), Exegetisches Wörterbuch zum Neuen Testament, Stuttgart, 3. Aufl. 2011 (1022–1031) 1024f; *Ilija Cabraja*, Der Gedanke der Umkehr bei den Synoptikern, St. Ottilien 1985; *Bernhard Lang*, Artikel *Umkehr*, in: Neues Bibel-Lexikon, herausgegeben von *Manfred Görg* und *Bernhard Lang*, Band 3, Zürich/Düsseldorf 2001, 953–958.

7 Ganz ähnlich lautend zum Beispiel in Jer 31,2 oder Dan 9,23.

8 *Benedikt XVI.*, Enzyklika *Deus caritas est* (Gott ist die Liebe), 1.

9 *Klaus Kliesch*, Spuren des Geistes, in: *Bibel und Leben* 28 (1989), 317–322.

10 *Eugen Biser*, Gott im Horizont des Menschen, Limburg 2001, 131.

11 Zum Beispiel: *Friedrich W. J. Schelling*, Ausgewählte Schriften, Band 5, Berlin 1985, 610; *Martin Heidegger*, Einführung in die Metaphysik (Gesamtausgabe Band 40), Frankfurt am Main 1983, 1.

12 Nach: *Anna Lewandowska*, Sprichwort-Gebrauch heute. Ein interkulturell-kontrastiver Vergleich von Sprichwörtern anhand polnischer und deutscher Printmedien, Peter Lang AG 2008, 304 (dort ist als Quelle angegeben: *Konfuzius*, Lunyu 7.6., Kapitel Shu Er).

13 Dem Sinne nach vor allem in: *Dietmar Mieth*, Gotteserfahrung – Weltverantwortung. Meister Eckhart und seine Ethik, München 1982.

14 Siehe auch: Joh 3,36; 6,47 und 6,54.

15 In epistulam Ioannis ad Parthos, tractatus VII, 8.

16 *Schalom Ben-Chorin*, Bruder Jesus. Der Nazarener in jüdischer Sicht, München, 9. Aufl. 1986, 183.

17 *Georg Büchner*, Dantons Tod, in: Sämtliche Werke und Briefe. Historisch-kritische Ausgabe mit Kommentar, herausgegeben von *Werner R. Lehmann*, Band 1, Hamburg 1967, 48.

18 *Gottfried Wilhelm Leibniz*, Essai de théodicée sur la bonté de Dieu, la liberté de l'homme et l'origine du mal, erschienen in Amsterdam 1710.

19 Siehe dazu zum Beispiel die gut lesbar geschriebenen Bücher: *Gisbert Greshake*, Warum lässt uns Gottes Liebe leiden? Freiburg im Breisgau 2007; *Johannes B. Brantschen*, Warum gibt es Leid? Die große Frage an Gott, Freiburg im Breisgau 2009.

20 So *Friedrich W. J. Schelling*, Philosophische Untersuchungen über das Wesen der menschlichen Freiheit und die damit zusammenhängenden Gegenstände (1809), in: Schriften 1804–1812, herausgegeben und eingeleitet von *Steffen Dietzsch*, Berlin (Ost) 1982 (131–207) 195.

21 Nach einem Bericht von *Walter Dirks*, zit. nach: *Eugen Biser*, Interpretation und Veränderung. Werk und Wirkung Romano Guardinis, Paderborn 1979, 132f.

22 *Tertullian*, De baptismo (Über die Taufe) 1,3.

23 *Augustinus*, De civitate Dei (Über den Gottesstaat), Buch XVIII, c. 23.

24 Siehe: Kluge. Etymologisches Wörterbuch der deutschen Sprache, bearbeitet von *Elmar Seebold*, Berlin/New York, 24. Aufl. 2002, 489.

25 *Walter Kardinal Kasper*, Katholische Kirche. Wesen – Wirklichkeit – Sendung, Freiburg im Breisgau 2011, 144ff.

26 Siehe ausführlicher in: *Reinhard Körner*, Gott will zur Welt kommen. Impulse für eine »entweltlichte« Kirche, Leipzig 2013, Kap. 3.

27 Zitiert nach *Ralf Miggelbrink*, Einführung in die Lehre von der Kirche, Darmstadt 2003, 104.

28 Ebd. 146.

29 Lebendige Flamme der Liebe 3,28.

30 *Franziskus*, Enzyklika *Lumen fidei* (Über den Glauben), 54.

Die »Kleinbauern«-Trilogie

Jesus, davon ist Pater Reinhard Körner überzeugt, spricht den »Kleinbauern« in uns allen an: den Menschen, der erdverbunden, geradeheraus und authentisch leben möchte, mit Herz und Verstand in der Tiefe verwurzelt und ausgestreckt in die Höhe und Weite des Himmels. Die Zeit ist reif, Jesus, dem wunderbarsten Kleinbauern der Welt, noch einmal mit den Ohren der Leute aus Galiläa zuzuhören. Gerade sie, die einfachen Leute vom Lande, haben ihn verstanden, seinen tiefen Ernst, sein Augenzwinkern und sein herzliches Lachen.

Pater Reinhard Körner stellt sich unter die einfachen Leute am See Gennesaret und lauscht wie sie den Gleichnissen Jesu. Er lässt sich wie sie beeindrukken von der Lebensnähe und vom Humor des Rabbi aus Nazaret, und lässt sich begeistern von der Idee des Reiches Gottes. Und er merkt plötzlich, dass dessen Frohbotschaft in den zurückliegenden Jahrhunderten verfälscht und häufig zu einer Drohbotschaft wurde. Schuld daran sind, so Reinhard Körner, vor allem »Städter«, die von der Lebensweise auf dem Lande keinen blassen Schimmer haben. Es wird also höchste Zeit, selbst zum Kleinbauern zu werden ...

Reinhard Körner

Jesus für Kleinbauern
und solche, die es werden wollen

123 Seiten, Taschenbuch
ISBN 978-3-89680-368-9
Auch als Hörbuch erhältlich!

Reinhard Körner

Jesus braucht Kleinbauern
und solche, die es werden wollen

121 Seiten, Taschenbuch
ISBN 978-3-89680-415-0

Reinhard Körner

Alles guten Dinge sind drei
Jesus bleibt Kleinbauer

127 Seiten, Taschenbuch
ISBN 978-3-89680-478-5